¡DESCÁRGUELO

y vaya con la corriente!

Copyright © 2018 TEACH Services, Inc.
ISBN-13: 978-1-4796-0876-8 (Libro de bolsillo)
ISBN-13: 978-1-4796-0877-5 (ePub)

TEACH Services, Inc.
PUBLISHING
www.TEACHServices.com • (800) 367-1844

Entrenadores

- April Barnes

- Regina Bragwell

- Derick Carpenay

- Kimberly Chappell

- Elizabeth Goodson

- Hunt Hudson

- James Kendrick

- Dion Lucas

- Daniel Luttrell

- Kevin Vickery

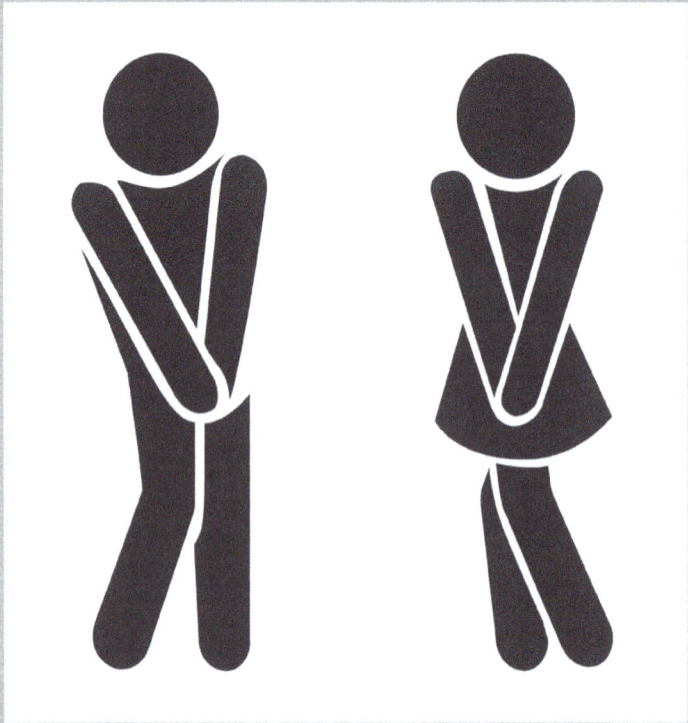

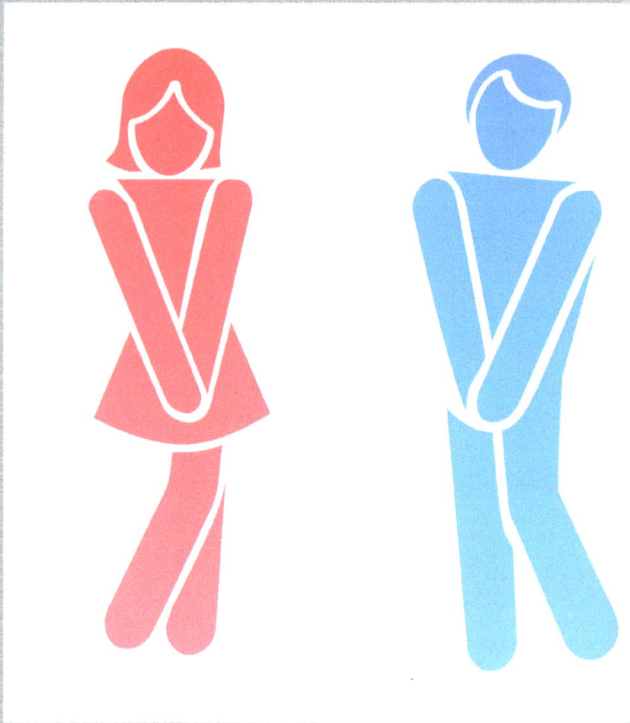

Constipación emocional

- No guarde rencor.

- Cuanto más se guarda algo, más difícil es soltarlo.

- Esto puede dañar la salud.

Cada uno tiene la opción de escoger la felicidad. Cuanto más tiempo una persona guarda rencores contra los otros, más tiempo esta persona va a ser miserable. Esta miseria no solamente afecta las relaciones con los otros, también el rencor causa daño a la salud de la persona, que a su vez lleva a una bajada en la salud física.

¿Destupir o no destupir?

- La decisión es suya.

- Solamente usted tiene el poder de usar el destupidor.

- Bajar la tapa no resuelve su problema emocional.

Cuando eliges ser feliz y eliges perdonar, te liberas del equipaje emocional. No puede esperar a librarse de la carga emocional por apenas olvidarse del asunto; cada uno tiene que enfrentar el asunto y soltar su enojo. Puede escoger resolver un asunto con alguien a través de conversación o simplemente olvidarlo, sabiendo que usted no tiene tiempo de permitir que le moleste.

¿Adónde fue?

- El pasado ya se fue

- Asuma el presente.

- Muévase hacia el futuro.

- No ponga caca en el inodoro de los otros.

- Sólo haga DESCARGA, DESCARGA, y DESCARGA.

Cuando abrazas el "ahora" y no el pasado, puedes vivir la vida sin distractores emocionales. Cuando hay menos distracciones en tu vida, puedes dar más a los demás. Puedes influenciar e inspirar a otros solo cuando estás libre de equipaje emocional. A muchos no les gusta estar cerca de personas negativas que destruyen su energía. Deja ir la negatividad.

Cuando usted descarga demasiado

◆ No puede descargar todos sus problemas a la vez.

◆ La vida se atrasa.

◆ Haga descarga frecuentemente a lo largo del tiempo.

◆ No sea un aguafiestas.

Con tantas distracciones en el mundo de hoy, es imposible olvidarse de todo. Siempre va a enfrentar desafíos, pero es importante saber cuáles soltar primero. Los primeros problemas que debe soltar deben ser los que más le molestan. Si aprende a soltar con regularidad, va a encontrar más paz y no llegará a ser un individual negativo.

enero

miércoles	jueves	viernes	sábado
4	5	6	7
11	12	13	14
18	19	20	21
25	26	27	28

Llamar a
un plomero

A veces tiene que llamar al plomero

- Las mediaciones son necesarias para ordenar los desafíos de la vida.

- Encuentre al plomero correcto.

- Deje suficiente tiempo para avaluar el trabajo del plomero.

- Manténgase con él o ella y acepte el resultado.

Es esencial encontrar a alguien en que se puede confiar en una base diaria, sino semanal. No puede descargar sus problemas sobre cualquier persona. Tiene que encontrar a una persona de confianza o a un grupo central cada vez que usted necesita "ventilar". Tenga en cuenta que no siempre va a apreciar lo que su "plomero" le diga, pero recuerde siempre que esta es una persona en que confía, quien es capaz de ser brutalmente honesto con usted.

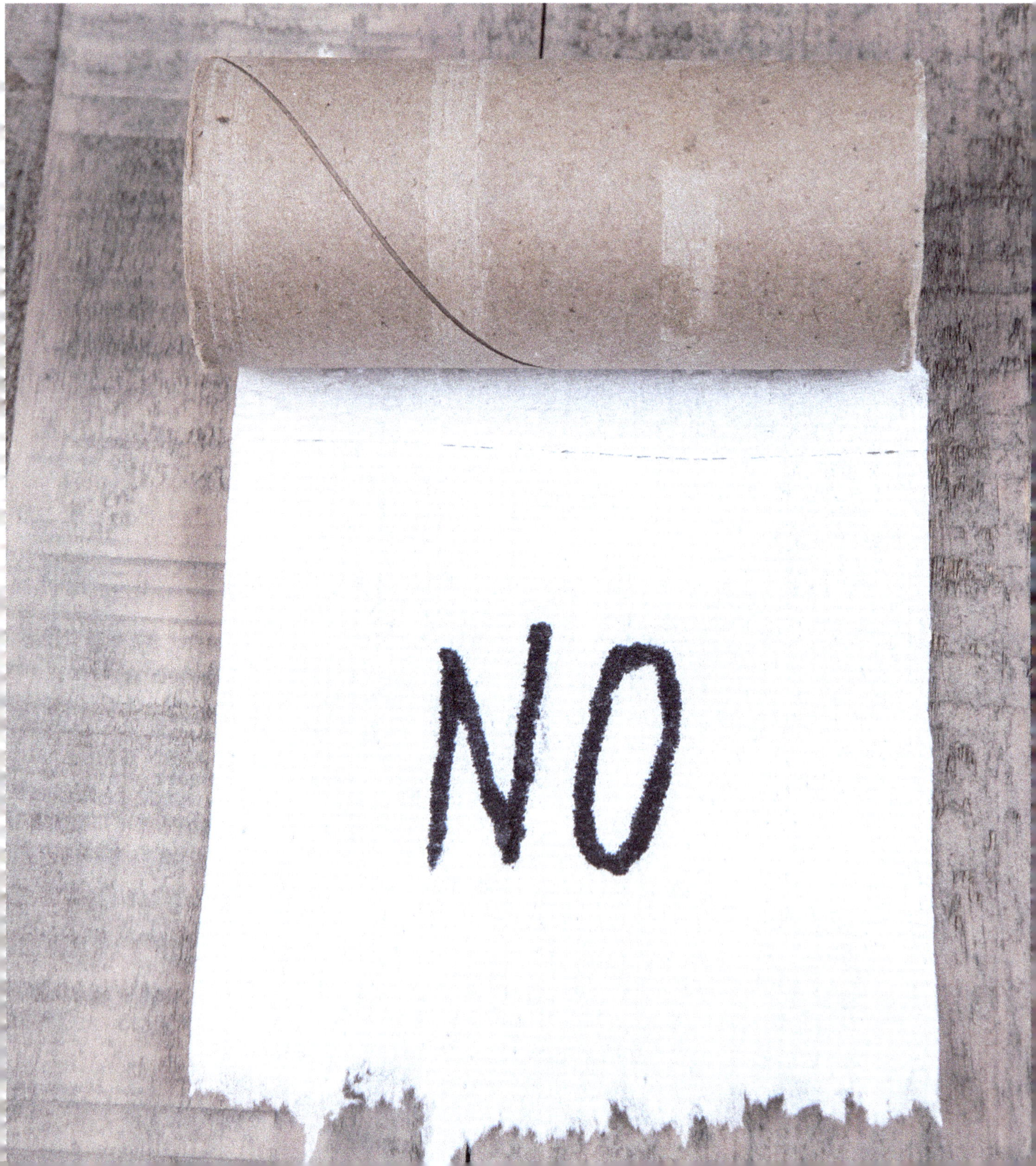
NO

Suéltelo de una vez

- Déjelo y no vuelva a tomarlo.
- No lo mantenga dentro de tí.
- Cuanto más lo mantenga, más enfermo va a estar.

No guarde rencores. Va a encontrar que algunas personas no se permiten olvidar encuentros negativos. Con el correr del tiempo puede determinar cuáles son estas personas porque tienen actitudes negativas y nunca son felices. Tienden a tener celos en vez de celebrar a los otros. Sea la persona a la cual todos miran cuando quieren tener un día más radiante.

ALTO EN FIBRA

Déjelo salir; déjelo fluir

◆ Haga mantenimiento con regularidad.

◆ Coma fibra emocional.

◆ Tome un laxante emocional.

◆ Limpieza del colon emocional es bueno.

◆ Renuévese diariamente.

◆ Bienestar completo es la llave.

Es vital mantenerse a si mismo. Sí, es importante tomar baño, pero eso no es la única parte de su mantenimiento diario. Tiene que encontrar una manera de quitarse de energía negativa, sea a través de ventilar, ejercicio, meditación, o descanso. Si no toma tiempo para si mismo, está fallando a sí mismo y a los otros alrededor. Usted tiene un propósito que cumplir que requiere estar en su óptimo momento cada día.

No solamente rocíe ambientador

◆ El asunto no va a desaparecer.

◆ Cuanto más ambientador usted rocía, más fácil es vivir en su propio mal olor.

◆ Deje el área de aseo con una perspectiva fresca.

◆ Mantenga un enfoque limpio para las cosas.

Decir que usted ha soltado la carga emocional, cuando esto le sigue destruyendo, es como rociar un ambientador barato en un baño portátil durante un día de verano caliente en el sur de Alabama. Si va de mano con un asunto sin soltarlo, el problema todavía existe. Tiene que empezar cada día como un día nuevo y prometerse que hoy será un día grande. Trate de empezar cada día con una perspectiva fresca de convenciéndose a sí mismo que cosas maravillosas van a acontecer. Desafíese a sí mismo a impactar la vida de alguien cada día.

No es tan profundo

- Drama no resuelve el problema—remedio sí lo resuelve

- La caca puede tapar el inodoro.

- Llame al plomero o arréglelo usted mismo.

- Al largo plazo va a ahorrar dinero.

Drama crea más problemas. Muchas veces soltar la carga emocional puede resolver el problema. Permitiendo que el odio o sentimientos duros se enconen tiende a crear barreras, que eventualmente afectan cada área de su vida, desde sus relaciones hasta su propio bienestar físico. Cuando experimenta conflicto, piense a usted mismo, "¿Es esto realmente tan profundo?" Llame a su amigo de confianza—NO a todos. No quiere ser conocido como un agitador de caca.

TEACH Services, Inc.
P U B L I S H I N G

Para a ver la selección completa de títulos
que publicamos visite:
www.TEACHServices.com

Por favor escriba o envíenos un correo electrónico
con sus felicitaciones, reacciones, o ideas acerca
de este o cualquier otro libro que publicamos visite:
info@TEACHServices.com

TEACH Services, Inc., los títulos se pueden
comprar al por mayor para educación, negocios,
recaudación de fondos, venta o uso promocional.
Para más información, envíe un correo electrónico:
bulksales@TEACHServices.com

Por último, si usted está interesado en ver su
propio libro en forma impresa, por favor póngase
en contacto con nosotros via:
publishing@TEACHServices.com

Estaremos encantados de revisar su
manuscrito de forma gratuita.

www.ingramcontent.com/pod-product-compliance
Lightning Source LLC
Chambersburg PA
CBHW051559110426
42742CB00044B/3495